A MESSIEURS

DU

COMITÉ CENTRAL

DE LA SOCIÉTÉ

Des Droits de l'Homme.

OBSERVATIONS

PAR J. DUPLAN,

AVOCAT A PARIS.

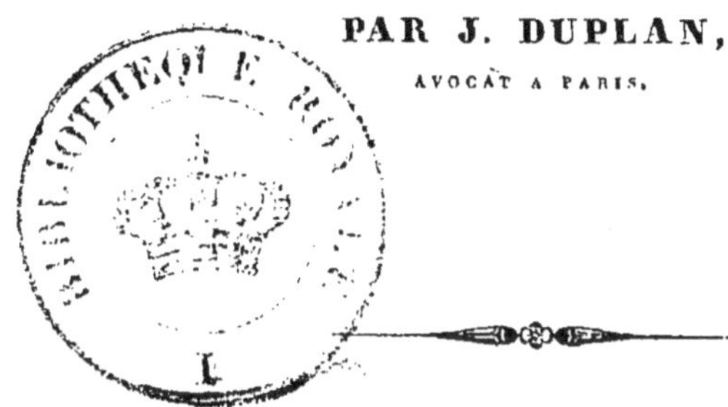

PARIS.

Décembre 1833.

IMPRIMERIE LE NORMANT,
rue de Seine, 8, F. S. G.

A MESSIEURS

DU

COMITÉ CENTRAL

DE LA SOCIÉTÉ DES DROITS DE L'HOMME,

A L'OCCASION DE LEUR MANIFESTE, ETC.

MESSIEURS,

Quoique je ne professe pas toutes les doctrines contenues dans votre publication, il en est cependant plusieurs dont je ne m'écarterai jamais. Si ces principes étaient proclamés sans qu'on eût recours à la mémoire d'êtres fameux par leur profonde immoralité, par leur perfidie et leur indicible scélératesse; si ces principes étaient émis par vous sans invoquer le souvenir et l'appui d'hommes de sang tels que Robespierre, Marat, et autres sicaires et agens soldés par les anciens princes de l'émigration, pour rétablir l'absolutisme en France, non seulement j'aurais confiance en vous et dans vos collaborateurs, mais j'oserais même travailler à l'œuvre commune, avec tout ce que le pays peut compter de bons citoyens.

Vous n'avez pas cru devoir agir ainsi, pas plus que vos collaborateurs ne l'ont pensé. Vous avez tous, comme d'accord avec un pouvoir occulte qui semble diriger et organiser la destruction d'un parti, invoqué d'affreux souvenirs, exhumé des noms exécrables, fait revivre des hommes dont l'existence fut un terrible fléau pour la France et ses libertés. Aussi qu'avez-vous retiré de vos actes? quel fruit avez-vous recueilli de tant d'imprudences? Les hommes simples et crédules, qui forment l'immense majorité de l'association, ont été effrayés, et le pouvoir a pu habilement profiter de vos fautes pour terrifier encore davantage les bonnes gens que vous vouliez persuader. On leur a dit : *Voyez ces modernes républicains! ils vous appellent à continuer les œuvres de Robespierre et de ses acolytes! ils vont relever les échafauds de* 93, *recommencer le règne de la terreur et les saturnales des clubistes.....*

A cela, il n'y avait pas grand'chose à objecter, surtout aux yeux de simples ouvriers incapables, la plupart, de soutenir une discussion de principes et de sophismes.

Qu'avez-vous fait pour fermer la bouche aux organes du pouvoir? Vous n'avez commis que des fautes. Vous avez rendu hommage à Robespierre, en faisant souscrire pour sculpter et répandre dans le public la *belle* tête de ce monstre; vous avez encensé Marat, le traître Marat, de la même manière, ainsi que quelques autres saltimbanques dont vous avez proclamé l'éloge et les principes dans vos réunions.....

Qu'est-il arrivé, et qu'arrive-t-il encore? Vous avez perdu le parti de la république; vos meilleurs amis vous ont abandonnés, d'autres se sont tenus à l'écart, et aujourd'hui je vois une grande partie de vos sectionnaires, bons patriotes d'ailleurs, se retirer des sections, disant que le robespierrisme n'est pas leur système. Pour couronner l'œuvre, vous avez violé les lois et excité à leur violation, méconnu les corps institués, bons ou mauvais, peu importe, insulté les personnes, blessé les consciences, injurié et menacé ceux qui ne vous comprirent pas, et enfin jeté un doute plus qu'indiscret sur le respect à venir du droit de propriété.....

N'ai-je pas sous les yeux les publications de l'association de la presse patriote dont je suis membre? N'y vois-je pas l'éloge outré de quelques hommes qui perdirent la France? N'a-t-on pas réimprimé les discours mensongers des sycophantes de la terreur? N'a-t-on pas élevé des trophées à ces misérables qui avaient vendu le pays? Et on invoque chaque jour les noms de ces traîtres! et c'est ainsi que vous prétendez revenir à la république! Non, non, vous avez compromis la liberté, vous repoussez l'avenir d'une république. . . . .

. . . .

Puisqu'on a l'impudence de citer le fameux nom de Robespierre, puisqu'on a voulu en faire un drapeau, il m'appartient, à moi qui me suis long-temps occupé des hommes de la révolution, de démasquer ce Robespierre, principal agent soldé de la cour de Coblentz, ou des émigrés français. Je veux que l'on ne puisse plus abuser de l'ignorance ou de la crédulité des citoyens, qu'on s'est fait un plaisir d'égarer jusqu'à ce jour *.

* Je vais publier une brochure sur Robespierre et la cour de Coblentz.

Il y a un temps prescrit par l'expérience, pour que la vérité soit mise au jour sur toute chose. On peut avancer que le dehors (Pitt et Coblentz) a dirigé Robespierre ; il était entouré *d'agens de* MONSIEUR, qui lui ont successivement désigné les personnes dont il craignait les remords, celles qui avaient pénétré ses projets, et celles qu'il savait ne lui être point favorables. (*Pièce produite dans le procès contre l'ex-conventionnel Durand de M.*)

Robespierre, au nom de la république et de la liberté, fit égorger les seuls, les véritables républicains. Cette conduite devait nécessairement faire ouvrir les yeux, exciter les soupçons : c'est ce qui ne manqua pas d'arriver, après la mort de tous les membres du parlement de Paris, qui avaient eu connaissance du dépôt de certaines pièces, qui eut lieu pendant l'assemblée des notables, d'après lesquelles pièces il était constant que les enfans de Louis XVI ne lui appartenaient pas (on sait aujourd'hui par qui fut fait ce dépôt). Or, le prétendant qui avait fait faire ce dépôt, qui devait se servir de ces pièces pour réussir dans son but criminel, ne voulut pas que ceux qui avaient connaissance de ses turpitudes, pussent un jour l'accuser : ILS FURENT GUILLOTINÉS ! M. de Malesherbes fut mis à mort, parce qu'il était dépositaire du codicille du roi. Qui faisait faire ces massacres ? l'agent de Coblentz, de MONSIEUR, Robespierre.

Rousseau, représentant du peuple, nous apprend : l'influence de MONSIEUR, sur la mise en accusation et la condamnation d'une foule de ci-devant nobles et de parlementaires, ne doit pas étonner. Je suis persuadé depuis long-temps qu'une main invisible a dirigé la main de Robespierre et de ses abominables suppôts, dans le choix de leurs victimes; c'est à Coblentz qu'ont été prononcés la plupart des arrêts qu'une férocité stupide et aveugle a fait exécuter dans toute la France, contre une foule de républicains; et que les anarchistes de l'an II, en se couvrant du manteau du républicanisme, n'ont été que les instrumens des vengeances et de l'ambition des princes, frères du roi.

A la lecture des listes des condamnés, il était facile de deviner les motifs de condamnation de ceux dont les rois de Coblentz avaient demandé la mort. On égorgeait de préférence tout ce qui avait pris part à la révolution, ou qui, devant émigrer, avait refusé de le faire.

On a puni Bailly d'avoir présidé à la séance du Jeu de Paume. Si on n'a pas égorgé tous les municipaux, ses collègues, on ne persuadera personne que Robespierre les ait épargnés par humanité. Presque tous les généraux qui ont servi la république ont éprouvé le sort de Custine. C'était un crime à Coblentz que d'être noble et de servir ailleurs qu'à Coblentz. Biron, Beauharnais, d'Estaing, et vingt-deux députés de la Convention, furent guillotinés pour n'avoir pas servi Coblentz.... L'ordre de traduire le duc d'Orléans au tribunal révolutionnaire est venu du dehors. Camille Desmoulins fut égorgé par ordre de Robespierre, parce qu'il réclamait des mesures de clémence. Robespierre eut ordre de le faire périr,

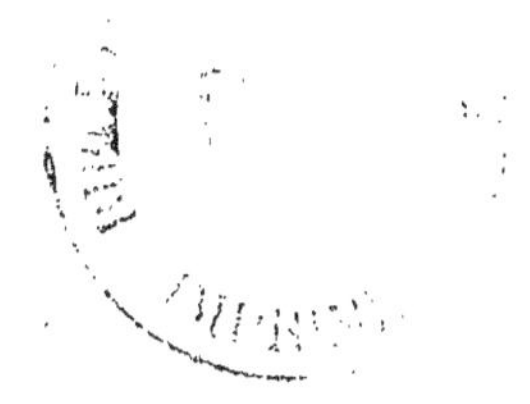

parce qu'il avait donné le signal de la liberté, en arborant, le premier, la cocarde nationale, et qu'il avait déterminé l'attaque et la prise de la Bastille.

Robespierre ne faisait rien pour apaiser la Vendée; au contraire, il maintenait au commandement les généraux dont l'impéritie et la trahison alimentaient la guerre civile au lieu de l'étouffer. Quand Guétinaud et Westermann battent les rebelles, il les fait périr; quand Philippeaux, indigné de tant de crimes et d'ineptie, publie la vérité, au lieu de couronnes civiques, Robespierre lui donne la mort*. Aurait-on fait autrement à Coblentz?......

La guerre de la Vendée pouvait être étouffée en peu de temps; elle ne le fut pas, parce que Coblentz ne le voulut pas. (*Voyez Moniteur du 20 germinal an VI, lettre de Rousseau.*)

Coblentz voulait le renversement du trône, la dissolution de la Convention, la mort d'une partie de ses membres. Pour réussir dans ce dessein, on tenta plusieurs fois de soulever le peuple; ces tentatives échouèrent au 10 mars et réussirent aux journées des 31 mai et 2 juin 1793. Qui dirigea et exécuta ces tentatives? Robespierre, Danton, Marat et autres dans la Convention; Chaumette, Hébert et autres dans l'assemblée des communes, avec Deffieux, Dubuisson et quelques autres individus sans fonctions et quelques étrangers tels que Frey, Proly, etc. Or, tous ces gens-là étaient soudoyés par un parti; le parti de la terreur ne voulait que la mort des vrais

* M. Thiers prétend (*Hist. de la Rév.*) que Philippeaux fut condamné, par les jacobins, comme calomniateur; c'est une erreur.

patriotes ; donc le parti de Robespierre était l'agent de ceux qui étaient intéressés à renverser la république et assassiner les patriotes; or, Coblentz était le seul parti qui voulût ce renversement : donc le parti de la terreur et Coblentz agissaient de concert, d'intelligence. Coblentz ordonnait, Robespierre exécutait et faisait exécuter.

Il est aujourd'hui notoire que Robespierre n'empêchait pas quelques nobles, qu'il savait à Paris, de fomenter les émeutes ; que les agens de Calonne secouaient le flambeau de la guerre civile, et Robespierre ne les faisait pas arrêter; que MONSIEUR était en correspondance avec Robespierre ; qu'il lui écrivait notamment : IL FAUT NOUS DÉBARRASSER DE TOUS CES PATRIOTES ; IL FAUT QUE LA GUILLOTINE AILLE ENCORE...

Au sujet des papiers trouvés chez Robespierre, Courtois (le député) ne fait-il pas connaître, en son rapport, que le chef de la terreur avait dans tous les temps entretenu des correspondances avec des agens de divers pays? Les émigrés eux-mêmes disaient, à sa mort : *Il est mort, renversé à la Convention par ceux-là même qui craignaient* QU'IL NE PARLAT ; NOS AMIS L'ONT TUÉ! On peut aisément prouver tous ces faits.

Voudrait-on d'autres preuves de l'intelligence de Coblentz avec Robespierre? Je n'ai que l'embarras du choix. Prenons des documens émanés d'*augustes* sources.

Le 28 décembre 1792, au moment où le roi venait d'être mis en jugement, MONSIEUR écrit au comte d'Artois, alors à Londres : « Tout ce que la fortune « pouvait imaginer de plus fatal s'était réuni contre « nous depuis dix-huit mois; mais il semble qu'elle « veuille s'apaiser et nous regarder avec plus de faveur. « Que nous importe, en effet, que le prince de Condé « ait obtenu, à notre préjudice, le commandement « de l'armée fournie par le roi de Prusse et l'empe- « reur, SI LE COUP QUI SE PRÉPARE EST FRAPPÉ (notez « que le roi est en jugement)? Il vaut (ce coup) lui « seul une armée. SOIXANTE MONTAGNARDS *de l'assem- « blée* et le ministère anglais nous restent; avec de « tels secours on peut tout espérer... Voyez Pitt « plus souvent... *Signé* LOUIS-STANISLAS-XAVIER. »

Voilà donc que ce prince compte sur soixante montagnards.

Le *coup qui se prépare*, dont on vient de parler, est frappé le 21 janvier. Aussitôt le même prince écrit :

« C'en est fait, mon frère, le *coup* est porté. Je « tiens dans mes mains la nouvelle officielle de la « mort de Louis XVI, et n'ai que le temps de vous « la transmettre. N'oublions pas de *quelle utilité* pour « l'État va devenir sa mort... Pensez que le grand- « prieur votre fils est, après moi, l'espoir et l'héritier « de la monarchie. *Signé* LOUIS-STANISLAS-XAVIER. »

Cette lettre est un chant de triomphe! Les princes avaient juré la mort de Louis XVI, ils ont mené la chose à bonne fin. La preuve de cette horrible catastrophe, ainsi amenée par les chefs de l'émigration, se résume dans le document suivant : « *L'événement « de la mort de Louis XVI sur l'échafaud..., de ce*

« *roi qui ne périssait que par les crimes de Coblentz* « *et pour leur expiation, devint un sujet de triomphe* « *pour les auteurs de ces crimes...* » (*Voy.* Hist. secr. de Coblentz, ch. 9. 1793. — R. Montg. 1814. — Mém. de Bouillé, t. II. — Lettres des Princes à Favras et autres conspirateurs rapp. dans le prisonnier du Temple, de Regn. Varin. — *Transaction entre Dumouriez et le roi de Prusse, qui, cédant à l'influence de Coblentz, consentit à faire hâter la mort du roi.* — Corresp. gén. des émigrés peints par E. M.).

Je viens de citer des faits graves, et presque ignorés. On ne manquera pas d'élever des doutes, de nier, comme on a osé le faire : nous verrons bien.

Ronsin et Vincent, traîtres de toutes les façons, commandaient en Vendée et laissaient égorger les patriotes *. Aucune réclamation n'aurait pu parvenir à les faire remplacer dans l'armée républicaine, s'ils n'avaient eux-mêmes commis de telles fautes qu'ils furent arrêtés plus tard. A ce sujet, un Vendéen qui avait été sauvé deux fois par Vincent, s'étonne de cette arrestation, et écrit à son père pour que MONSIEUR intercède en faveur de Vincent auprès de Robespierre, qu'*il sait n'être pas aussi noir qu'il le veut paraître.* MONSIEUR, d'après cette lettre, est en relations avec les jacobins.

Les imprudens apologistes de Robespierre n'ont pas manqué, depuis l'inconcevable publication du manifeste du *comité des droits de l'homme*, de justifier encore leur nouveau saint, notamment M. Cabet,

* C'est à tort qu'on attribue la mort de ces deux individus à une autre cause.

dans son journal *le Populaire*, n° du 3 novembre 1833. Singulière justification qui vient corroborer le jugement porté sur cet hypocrite * spéculateur de la sottise ou de l'aveuglement des hommes qu'il sut long-temps abuser ! singulière justification, qui nous fait connaître à fond la scélératesse de ce chef d'assassins !.....

Le Populaire, ou plutôt M. Cabet, nous montre Robespierre à la tribune de la Convention, disant à ses auditeurs :

« Je vous proposerai d'abord quelques articles..... « sur la *propriété*..... Que ce mot n'alarme personne : « *Ames de boue, qui n'estimez que l'or, je ne veux* « *point toucher à vos trésors, quelque impure qu'en* « *soit la source !* Cette loi (agraire) n'est qu'un fan- « tôme créé par les fripons pour épouvanter les im- « béciles...... J'aimerais bien autant pour mon compte « être l'un des fils d'Aristide,...... que l'héritier pré- « somptif de Xercès, né dans la fange des cours pour « occuper un trône décoré de l'avilissement des peu- « ples et brillant de la misère publique. » (*Choix et Rapports*, t. XII, p. 299.)

C'est ainsi que M. Cabet proclame l'éloge de M. de Robespierre. — Mais nous nous permettrons de faire observer à cet honorable panégyriste que Robespierre ne parlait ainsi et ne semblait repousser une loi agraire que par la raison qu'il la voyait jugée d'avance et repoussée par tous les hommes honnêtes ; puis il pouvait, quant à lui, se passer d'une telle loi

* Voir le discours de Billaud-Varennes et de Tallien, séance du 9 thermidor. (*Moniteur*.)

pour arriver à son but, celui de faire le plus d'ennemis possible à la république. D'un autre côté, il traitait de fripons et d'imbéciles ceux qui croyaient à un tel projet de loi..... Et cependant on s'emparait des biens des suspects, notamment de tous ceux qui portaient ombrage aux conspirateurs, aux gens de la terreur. Maximilien, lui-même, ne faisait-il pas trésor des dépouilles des suspects?

Comment donc Robespierre pouvait-il bien appeler *âmes de boue* ceux qui n'estimaient *que l'or*, lui qui ne voulait pas *toucher à leurs trésors, quelque impure qu'en fût la source!* Et cependant il estimait grandement l'or pour lequel il affectait un si grand mépris, lui qui thésaurisait et envoyait à l'étranger! et quelle était la source PURE où il puisait les fortunes qu'il faisait partir de Paris, placer hors de France, pour lui servir au jour prochain où il se proposait de déserter son pays?

Tout ceci, dira-t-on, est de pure invention. Où sont les preuves, va-t-on demander, de la corruption, de l'avidité de ce *vertueux* et *incorruptible grand homme* *?

Certes, les documens ne manquent pas; nous les trouvons sans peine. Parmi ces documens, le plus remarquable est celui que nous lisons dans le Rapport fait par le représentant Courtois : c'est une lettre qu'on attribue généralement à MONSIEUR.

« Sans doute vous êtes inquiet de ne pas avoir reçu plus tôt
« des nouvelles des effets que vous m'avez fait adresser, pour

* Je ne conçois pas M. Thiers qui reconnaît de l'intégrité à Robespierre. (*Hist. de la Révolution*, tom. VI.)

« continuer le plan de faciliter votre retraite dans ce pays. « Soyez tranquille sur tous les objets que votre adresse a su « me faire parvenir, depuis le commencement de vos craintes « personnelles, et non pas sans sujet. Vous savez que je ne « dois vous faire de réponse que par notre courrier ordinaire ; « il a été interrompu dans sa dernière course, ce qui est cause « de mon retard aujourd'hui. Mais lorsque vous le recevrez, « *vous emploierez toute la vigilance qu'exige la nécessité de* « *fuir un théâtre où vous devez bientôt paraître et disparaître* « *pour la dernière fois*. Il est inutile de vous rappeler toutes « les raisons qui vous exposent; car le dernier pas qui vient « de vous mettre sur le sopha de la présidence, vous rappro- « che de l'échafaud, où vous verriez cette canaille qui vous « cracherait au visage, comme elle a fait à ceux que vous « avez jugés. Égalité, dit d'Orléans, vous en fournit un assez « grand exemple. Ainsi, puisque vous êtes parvenu à vous « former ici UN TRÉSOR SUFFISANT pour exister long-temps, « ainsi que *les personnes pour qui j'en ai reçu de vous*, je vous « attendrai avec grande impatience, pour rire avec vous du « rôle que vous avez joué, dans les troubles d'une nation aussi « crédule qu'avide de nouveautés.... Prenez votre parti, d'a- « près nos arrangemens : tout est disposé. Je finis, notre « courrier part ; je vous attends pour réponse. » (*Rapport de Courtois.*)

Nous ne dirons pas un mot de plus sur un être aussi infâme qu'il fut traître et perfide. Et voilà l'homme dont on ose, sans pudeur, invoquer le nom et les actes! Ce ne peut être qu'un étourdi, qu'un imprudent, pour ne rien dire de plus, qui puisse s'oublier à ce point que d'évoquer un nom entouré de souvenirs aussi affreux. On peut être patriote de bonne foi et agir ainsi, mais on doit avouer qu'il faut être aussi bien ignorant et incrédule. Si on a agi de conviction, je dirai que cette conviction est un crime......

Et cependant je n'ai écrit que la millième partie de ce que je possède sur ce bourreau des patriotes français. Que serait-ce donc si je laissais courir ma plume?... mais le dégoût l'arrêterait bientôt.

Si l'on est désireux de bien connaître Robespierre, on peut lire l'opinion des auteurs des *Causes secrètes* et *des Excès de la Révolution française*. On y verra que Robespierre joua le rôle de précurseur de Louis XVIII, qui, ne pouvant plus tard récompenser et reconnaître les services de ce Tamerlan de liberté, fit tomber une partie de sa faveur sur la sœur de ce monstre. Oui, la sœur de Robespierre, qui vivait encore en 1824, jouissait d'une pension sur la liste civile...

Cessez donc d'abuser les esprits ignorans et crédules; on ne peut pas avoir foi dans vos paroles dictées par la plus coupable ambition. Ne venez plus nous dire (*Populaire* cité plus haut) de *cesser de vous parler de* 93, de *la réaction de* 1794, de *la terreur, et des mitraillades dans les rues de Paris*. Ce sont les monstres dont vous êtes les insensés panégyristes *, qui causèrent tous ces désastres, et leurs furieux sectaires ont renouvelé quelques unes de leurs scènes en promenant le désordre et la mort dans nos villes, et cela au nom d'une liberté qu'ils ne rêvaient que pour la livrer à l'étranger qui les soudoie.... Vous provoquez à l'anarchie, vous voulez

* Je ne ne m'adresse qu'aux panégyristes des hommes de la terreur.

vous emparer du peuple pour l'égarer et le perdre; malheur au peuple s'il se livre à vous!

J'ai hâte de terminer. Ajoutons cependant un mot à l'occasion du manifeste de la Société des Droits de l'Homme. Les écrivains organes du pouvoir, jettent aux yeux des masses l'épouvantail de Robespierre, de Marat et de leurs complices, pour les effrayer au seul nom de liberté; et quelques écrivains, se disant patriotes, ont eu la sottise et l'imprudence d'évoquer ces noms affreux pour étayer leur système......

Je dirai aux uns : Votre effroi de tout système qui pourrait déranger le vôtre vous aveugle au point de vous faire confondre les hommes et les choses. Votre aveuglement ne vous laisse distinguer que les colifichets qui vous rendent les très-humbles serviteurs des caprices de vos maîtres. Votre opinion n'en est pas une; vous êtes trop suspects, et surtout trop intéressés à crier haro! sur vos adversaires : on ne vous croira pas.

Je dirai aux autres* : Je veux croire que vous n'êtes pas stipendiés pour perdre le système sur lequel vous fondez votre amour de la liberté, du bonheur et de l'indépendance de la nation. Mais venir proclamer vos principes à l'aide de noms propres aussi exécrables qu'exécrés, c'est folie! ce ne peut être autre chose, si ce n'est pas félonie.

* Je déclare que je ne m'adresse qu'aux prétendus chefs du parti, et non au parti même.

www.ingramcontent.com/pod-product-compliance
Lightning Source LLC
LaVergne TN
LVHW010411240826
846091LV00020B/3520

* 9 7 8 2 0 1 9 2 5 1 1 8 5 *